学汉语分级读物

③

Guǎn Zhòng hé Qíguó de Gùshi

管仲和齐国的故事

第3级

历史故事

陈贤纯 编著

北京语言大学出版社
BEIJING LANGUAGE AND CULTURE UNIVERSITY PRESS

图书在版编目（CIP）数据

管仲和齐国的故事 / 陈贤纯编著 . — 北京 : 北京语言大学出版社，2017.9

（学汉语分级读物 . 第 3 级 : 历史故事）

ISBN 978-7-5619-5067-8

Ⅰ. ①管…　Ⅱ. ①陈…　Ⅲ. ①汉语－对外汉语教学－语言读物　Ⅳ. ① H195.5

中国版本图书馆 CIP 数据核字（2017）第 228508 号

管仲和齐国的故事

GUAN ZHONG HE QIGUO DE GUSHI

责任编辑：王　轩　张　莹　　封面制作：西吉文化
插图绘制：北京冰河插画工作室　西吉文化
排版制作：北京创艺涵文化发展有限公司
责任印制：周　燚

出版发行：北京语言大学出版社
社　　址：北京市海淀区学院路 15 号，100083
网　　址：www.blcup.com
电子信箱：service@blcup.com
电　　话：编辑部　8610-82303647/3592/3395
国内发行　8610-82303650/3591/3648
海外发行　8610-82303365/3080/3668
北语书店　8610-82303653
网购咨询　8610-82303908
印　　刷：北京京华虎彩印刷有限公司

版　　次：2017 年 9 月第 1 版
印　　次：2017 年 9 月第 1 次印刷
开　　本：850 毫米 ×1168 毫米　1/32　　印　　张：3.25
字　　数：55 千字　　定　　价：29.00 元

PRINTED IN CHINA

编写说明

这是什么书？

这是为学汉语的人写的课外读物，有民间故事、文学故事、历史故事三个部分，一共有 50 本。

谁读这些书呢？

第一，学汉语的外国人。第二，生活在海外的华人子女。第三，中国国内学汉语的少数民族学生，甚至包括中国的小学生。

这些书有意思吗？难不难？

1. 这些书讲的故事很有意思，有很多中国文化的内容。你们在学习汉语的同时，也能了解中国文化。

2. 故事很容易懂。

我们把这些书分为三个等级：

级别	内容	册数	汉字量
第 1 级	民间故事	10 本	500 字
第 2 级	文学故事	20 本	800 字
第 3 级	历史故事	20 本	1200 字

第 1 级是最容易的，10 本书都是中国的民间故事。只要认识 500 个最常用的字，不用查词典，就能轻松读懂这 10 本书。

第 2 级有 20 本书，都是中国古代最有名的小说里的故事，认识 800 个汉字的人可以读懂。小说本来是很难的，可是我们讲得很简单，很容易懂。

第 3 级也有 20 本，认识 1200 个汉字的人可以读懂。这里讲的历史故事发生在 2000 多年前的中国。为什么给你们看过去的故事？因为文化是从过去来的，看看 2000 多年前的故事，才能真正知道中国人现在为什么这样想，为什么这样做。

每一本书都只有很少的字比较难，这些字有拼音，有插图，有说明，可以帮助你们读懂。

3. 每一本书都只有 2～3 万字，很快就可以读完一本，阅读会成为一件轻松、快乐的事。

4. 这套书一共有 50 本，很多，内容很丰富。读完这 50 本书，你们不但能了解中国文化，而且再也不会觉得中文难读懂了。

怎么样？快打开书，读一读这些有意思的故事吧！

关于历史故事

跟民间故事和文学故事不同，历史故事是真实的，是以前发生过的事。

这 20 本历史故事，选自公元前 770 年到公元前 202 年的历史。以《左传》《史记》《国语》《战国策》等历史记载为根据，只在细节上有一些连接和想象。

中国的历史很长，故事很多，为什么只选这一段时间？

因为这段时间，正是春秋战国到秦朝末年，这是一个乱世，乱世故事多。

这段时间也是中华民族文化大发展的时候。

中国文化的很多思想来自这个时期，很多故事来自这个时期，很多成语来自这个时期。

这个时期是中国文化的源头。

要了解中国，必须了解中国文化。

要了解中国文化，就不能不了解春秋战国时期的历史。

“历史故事系列”每一本都有一个编号，编号是根据大致的时间先后编排的，年代较远的在前，年代较近的在后。读者可以根据编号的先后阅读。

故事简介

管仲有大才，可是他年轻时很穷，运气又不好，做事常常失败，很多人看不起他。只有他的朋友鲍叔牙相信他，支持他，帮助他。

管、鲍二人分别当了公子纠和公子小白的老师。后来，公子小白当了齐国的国君，就是齐桓公。他的老师鲍叔牙推荐管仲当了相国。

管仲在齐国实行改革，从此齐国渐渐强大起来，民富国强。管仲是怎么做的呢？

目录

管仲和鲍叔牙 / 1
各为其主 / 13
齐桓公即位 / 21
管仲拜相 / 31
齐鲁之战 / 41
管仲改革 / 51
尊王称霸 / 59
消灭侵略者 / 71
管仲时代结束 / 81
生词表 / 87
附录：第三级 1200 字表 / 90

管仲和鲍叔牙

2700年前，位于山东半岛的齐国，出现了一位伟大的政治（zhèngzhì）家，他叫管仲（zhòng）。

公元前685年，管仲当了齐国的相国。他进行了各方面的改革，使齐国民富国强。他的思想对后代影响很大，他是中国历史上最伟大的人物之一。

孔（kǒng）子（见本丛书《孔子的故事》）是中国古代的圣（shèng）人。在孔子眼里，圣人有两个：一个是周公，另一个就是管仲。

* * * * * * * * * * * * *

管仲年轻时，家里很穷。

他虽然是周朝王室的后代，但是到他父亲时，家里已经没落。他父亲死得早，没给儿子留下什么钱。管仲必须靠自己奋斗，来养活自己和母亲。

可是，管仲年轻时运气非常不好，不知道为什么，竟然做什么事都做不成。因此别人都看不起他，认为他不行。

只有他的朋友鲍（bào）叔牙不这样看。鲍叔牙深信管仲是一个非常了不起的人，将来一定能做成大事。

政治家 zhèngzhìjiā 有管理国家才能的人，大官或者国家的领导人。
改革 gǎigé 改变过去不好的，用新的、合理的。
圣人 shèngrén 古代品德高、有智慧的伟大人物。

所以鲍叔牙常常在别人面前替管仲说话，而且尽自己的能力来帮助管仲。可以说，鲍叔牙在管仲穷困的时候，就已经是管仲的知音了。

管仲曾经三次出去当小官，可是每一次都没干多久就被上级辞退（cítuì），灰头土脸地回家了。

当别人都以为他能力不行的时候，只有鲍叔牙知道他为什么每次都干不长。

“不要灰心，兄弟，我知道不是你的错。”鲍叔牙说。

“我跟上级合不来。”管仲说。

“他们不过是一些庸（yōng）才和贪（tān）官，你跟他们当然合不来。”鲍叔牙说。

“真看不惯他们那一套，我不想照他们的意思去做。”管仲说。

“兄弟，你是做大事的人，不要在乎他们。”鲍叔牙安慰（wèi）他。

“可是，我现在连饭都吃不上了。”管仲发愁地说。

“我们一起做生意吧。”鲍叔牙有了主意。

知音　zhīyīn　真正了解自己的人。
辞退　cítuì　不要他工作了，叫他回家。
灰头土脸　huītóu-tǔliǎn　没有面子的样子。
灰心　huī xīn　对自己没有信心。
庸才　yōngcái　没有才能的人。
贪官　tānguān　偷拿国家和别人钱的官。

“做生意要有本钱，我哪有钱啊？”管仲说。

“没关系，本钱我来出，你只要出一点儿钱，就算也出了钱。”鲍叔牙说。

“真的？”管仲开始在自己身上摸来摸去，终于摸出两个钱来，很不好意思地说，“我只有这些。”

两个钱能干什么呢？只够买两个饼。

可是鲍叔牙不在乎，他接过钱来，说：“行，就这些。”

鲍叔牙比管仲有钱，可是他也不是大财主（cáizhu）。他们只能做一些小生意，到外地去买进一些本地缺少的东西，运到本地后加价卖出去。

一开始他们还真挣（zhèng）到了钱。可是每次分钱的时候，管仲都会拿走一大半钱，剩下一小半给鲍叔牙。

鲍叔牙没说什么。可是别人都看不下去了，出来为鲍叔牙打抱不平，说：“管仲这小子太差劲了，人品有问题。”

“小鲍，你怎么不说话？你出的本钱比他多得多，怎么倒让他拿了大多数？”有人愤愤不平地说。

合伙做生意的人，即使是最好最好的朋友，到分钱的时候也常常会闹翻脸。有时候还闹得你死我活，

财主　cáizhu　很有钱的人。

势不两立。这样的事，我们见得太多了。可以这么说，100次这样的合作，99次都是不欢而散的。最后，朋友都成了仇（chóu）人。

可是鲍叔牙不在乎，本来他就是为了帮助管仲。他笑了笑，说："你们错了，管仲不是这样的人。他家里穷，更需要钱，多拿一点儿没什么，我愿意。"

鲍叔牙是一个真诚的人，对朋友很宽容。

管仲很幸运，有鲍叔牙这样的朋友。

管仲敢这么做，也正是因为他了解鲍叔牙。

可是好景不长，管仲做生意越做越不顺，最后赔（péi）了，而且把本钱都赔光了。

这时候，周围的那些熟人就说："管仲这小子又贪心，又没本事，什么事都干不成。"

鲍叔牙听见了，连忙说："做生意要靠运气。不是管仲没本事，是他运气太差，这不能怪他。"

反正生意是做不成了。

这时候齐国发生了对外战争，管仲和鲍叔牙以及他们周围的那些年轻人都被征调去当兵打仗。

打仗会死人，可不是闹着玩儿的。上战场的时候，大家心里都很紧张。每一个人的表现都不一样。

鲍叔牙表现得很勇敢，总是冲在最前面，奋勇杀敌。

赔本 péi běn 做生意没有挣到钱，反而把本钱弄没有了。

管仲呢，只要一开始往前冲，他不是摔倒，就是掉进坑（kēng）里，每一次都落在最后面。

可是，打了败仗逃跑的时候，管仲每一次都跑在最前面，跑得那叫一个快，没有人能追得上他。

所以，别人见了他，气都不打一处来，骂他是胆小鬼、逃兵。

听到这些话，管仲没有理他们，默（mò）默地走开了。

鲍叔牙又替管仲说话："你们都错了，管仲决不是胆小鬼。他不往前冲，是因为他家里有老母亲，只有他这么一个儿子。他要是死了，谁来养活老母亲呢？他是一个孝（xiào）子啊。"

听了鲍叔牙的话，管仲很感动。他说："生我的是父母，知我的是鲍叔牙。"

总之，周围的人对管仲看法都很不好，说他人品差、贪心，又没能力，还是个胆小鬼、逃兵。

只有鲍叔牙跟他们的看法完全不同。他非常了解管仲，人们说的那些都不能说明什么。他坚信，管仲是一个非常了不起的人，他的能力、他的智慧（zhìhuì）、他的人品，没有人比得上。

坑 kēng 地上凹下去的地方。

智慧 zhìhuì 很有头脑，对于大事，很快就能明白，知道应该怎么做。

鲍叔牙坚信，管仲是一个能够治国平天下的伟大人物。现在，他只是没有遇到机会。

鲍叔牙这么相信管仲，不是没有道理的。

管仲确实不是一般的人，从小他就跟别的孩子不一样。他家虽然穷，但是他却受过很好的教育。他父亲在的时候，教他读书，教他做人，管仲都领悟（lǐngwù）得非常快。他父亲看出来了，这孩子不是一般的聪明，而是有智慧。

可惜，他父亲死了。母亲带着管仲艰（jiān）难地过日子。

管仲十五六岁的时候，有一次到山里去打柴，遇见一位先生。那先生大约四十岁的样子，背着一袋粮食往山里走。两个人一边走一边聊天，那先生发现这孩子悟性极高，是一个难得的人才，因此非常喜欢他。管仲也惊奇地发现，这位先生非常有学问，天下的事他几乎都知道。

“孩子，你想不想将来能够治国平天下？”那先生问道。

“当然想啊！”管仲抬起头看着他。

“那就跟我学吧，我来教你。”先生说。

领悟　lǐngwù　懂得了，明白了。
打柴　dǎ chái　到山上去砍干的树枝，用来烧火做饭。
悟性高　wùxìng gāo　能够很快地明白。

“可是先生，我父亲去世了，家里没有钱。”管仲说。

“我只收你一个学生，不要你的钱。”先生说。

说着说着，他们来到了先生住的地方。

那先生就住在山里，孤零零（gūlínglíng）的一间草屋，远离村子，没有邻居，周围见不到一个人。管仲知道，这位先生是一位隐士（yǐnshì）。今天，他是出山去买粮食的。

什么是隐士？在古代，有些有学问的人，因为种种原因，不想做官，或者不能做官，他们想避开社会，就会到山里去隐居，过着极为简单清苦的生活。

管仲遇到的正是一位隐居的高人。

从此，管仲每个月都要到山里去住几天，向先生学习。

先生教他什么？

首先是周公之法。周公旦（dàn）是公元前1046年周朝开国时伟大的政治家、军事家和思想家，对于治理国家有极为宝贵的经验。周公旦是中国古代的圣人。管仲在先生这里学习，学的首先就是周公旦的思想。

其次是管理国家的方法。

然后是兵法，怎么带兵打仗。

最后是射箭和剑术。后来管仲箭法出众，可以说百发百中。

春夏秋冬一年又一年。无论刮风、下雨、下大雪，先生都尽力教他，管仲努力学习，从不间断。

三年过去了，十八九岁的管仲已经尽得先生的真传。文，知道怎么治理国家，武，知道怎么带兵打仗，学得了治国平天下的一身好本事。

有一天，管仲像往常那样，又进山里去跟先生学习。

草屋的门开着，里面却没有人。

“先生，先生，您在哪里？”管仲大声地喊着。他到处找，可是没有人答应。

管仲在那里等了好几天也没有见到先生。先生到哪里去了呢？以前从来没有过这种情况。

见不到先生，管仲只好回家。

那以后，管仲又多次去山里，还是没有见到先生。草屋里已经积起了灰尘，很明显，先生已经走了。

先生确实已经走了，他悄悄地离开了，不愿意让任何人知道他去了哪里，即使自己最喜欢的学生管仲，也不让知道。

管仲从此再也没有见过先生。他连先生叫什么名字都不知道。

管仲很难过，他坐在草屋里不想走。他曾经问过先生的名字，可是先生不肯说，也不许他问。他记得最后一次上课结束时，先生曾经说：“你已经学成，以后不用再来了。”

虽然这样说，可是先生知道，管仲一定还会再来，说不定其他人也会来。这个地方已经不再清静，于是他走了。

找不到先生，管仲没办法，仍然以打柴为生。

后来，管仲在街上卖柴，遇到了鲍叔牙。鲍叔牙比管仲大几岁，他家也是没落的贵族。鲍叔牙也很有学问，但是没有机会做官，只好做生意。

两个人一交谈，都发现对方很不一般。

管仲发现鲍叔牙对人很真诚，是个可以交往的朋友。

鲍叔牙吃惊地发现，管仲年纪轻轻，竟然这么有学问。再进一步深谈，发现他竟然连怎么治理国家都说得头头是道，把鲍叔牙听得连连叫好。

说实话，鲍叔牙也不是一般的人物，他也是胸有大志，想要做大事的年轻人。可是跟管仲一比，他觉得自己差得太远。所以，鲍叔牙不但是管仲的朋友，还是管仲的“粉丝（fěnsī）”。

从军队回来以后，两人还是在一起做生意。

“管仲，我觉得你能当上卿（qīng）、相国，帮助国君（jūn）治理好一个国家。让你当小兵去打仗，真是埋没了人才。”有一次，鲍叔牙对管仲说。

上卿是当时最高的官，相国相当于现在的总理。

粉丝　fěnsī　从英语 fans 音译过来的词。对某人或某事非常着迷的人，如球迷、戏迷等。

“不错，还是你了解我呀，老鲍。我如果当齐国的上卿，齐国一定能民富国强。”

“这一点我深信，齐国如果不用你当上卿，那是齐国的损失。你说我能干什么呢？”鲍叔牙说。

“老鲍，你这个人很真诚，但是太正直，处理不好人跟人之间的关系，所以你当不了上卿。”管仲很不客气地说。

“你说得对，我自己也觉得我也就能当个大夫（dàfū）。”鲍叔牙说。

大夫也是当时的大官，相当于部长。

“可惜，我们没有遇到机会，只能在这里说说。”管仲说。

“谁说的？机会说来就来，我听说齐国的国都临淄（Línzī）现在正在招聘（zhāopìn）人才，我们可以去试一试。”鲍叔牙说。

齐国在现在的山东，都城是临淄。

“那我们一起去临淄吧。”管仲说。

在去临淄的路上，他们又遇到了一个年轻人，他叫召（Shào）忽。这个人身材高大，也是到临淄去应聘的。他跟管仲和鲍叔牙很合得来。于是，三个人一起上路了。

招聘 zhāopìn 告诉大家，这里需要人才，请人来工作。

各为其主

经过考试，齐国的国君齐僖（xī）公很喜欢这三个人，特别是管仲。他决定先叫这三个人当儿子们的老师。

齐僖公有三个儿子，大儿子叫诸（zhū）儿，已经立为太子，早就有了老师。二儿子叫纠（jiū），三儿子叫小白，都还没有成年，现在正需要老师。

齐僖公决定让管仲和召忽当公子纠的老师，让鲍叔牙当公子小白的老师。

管仲很高兴，可是鲍叔牙心里不太愿意。

如果给太子当老师，以后太子当了国君，太子的老师肯定能当大官。即使以后太子诸儿死了，要轮也该轮到二公子纠当国君。哪儿轮得到老三呀？给公子小白当老师，有什么劲啊？鲍叔牙不想干了。

管仲赶紧说："老鲍，你眼光放远一点儿啊，世上的事是很难预料的。说不定就该小白当国君，你要是不去，万一小白当了国君，我俩不是白忙活了吗？"

"你是说我俩一边一个，以后不管谁当国君，都能当官？"

"对呀！要是公子纠当了国君，我推荐（tuījiàn）你。要是公子小白当了国君，那你就推荐我。"

他们俩为什么觉得公子纠或者公子小白有可能当国君？

推荐 tuījiàn 向别人介绍有才能的人。

因为齐僖公已经老了，身体很不好，眼看活不了多久了。接下来就是太子诸儿当国君了。可是这个诸儿，生活上很有问题。管仲觉得他当国君的时间长不了。那么接下来的国君，不是公子纠就是公子小白。

鲍叔牙觉得管仲说得对，于是三个人都高高兴兴地上任了。

不久，齐僖公死了，太子诸儿当了国君。他就是齐襄（xiāng）公。

齐襄公当了国君以后，生活上更加有问题了。他对大臣们也不好，而且开始怀疑（huáiyí）两个弟弟。

管仲看出来了，齐国一定会乱。公子纠和公子小白如果再待在都城，可能会有危险。于是他去找鲍叔牙。

“老鲍，情况不好，快带着小白跑吧，要不然会有危险。”

“是吗？”鲍叔牙很紧张。

“为了国君的位子，杀兄弟的事不是常常发生吗？”

“对，对。出去躲一躲再说。”

几天之后，公子纠和公子小白都离开了临淄。管仲带着公子纠去了鲁（lǔ）国。因为公子纠的母亲是鲁国人，管仲希望以后借助鲁国的力量，让公子纠回到齐国当国君。

怀疑 huáiyí 不相信，觉得有问题。

鲁国在齐国的南面。

公子小白的母亲是卫国人。但鲍叔牙决定不去卫国，他带着小白去了莒（jǔ）国。莒国在南面，离临淄近，要是以后有机会，回来比较方便。

公元前686年，齐襄公果然被手下的大臣杀死了。那些人让齐襄公的堂弟公孙无知当了国君。

公孙无知的品行很坏，齐国人都不喜欢他。结果只过了一个多月，公孙无知也被人杀死了。齐国没有了国君，开始乱起来。

消息很快就传到了莒国，也传到了鲁国。夺取国君位子的机会终于来了，管仲和鲍叔牙都准备立刻回临淄。两个人现在帮着不同的人，各为其主，都希望自己的学生当国君。

鲍叔牙向莒国国君借了100辆战车和一些士兵，带着小白连夜上路，往临淄赶去。鲍叔牙知道，管仲一定会以最快的速度赶往临淄，自己必须在管仲和公子纠之前到临淄。

鲁国的国君鲁庄（zhuāng）公，亲自带着300辆战车，护送公子纠去争夺齐国国君的位子。可是车多人多，在路上走得比较慢。管仲心里很着急，莒国离临淄近，说不定鲍叔牙已经赶到前面去了。

管仲向鲁庄公提出，要带30辆车先行去拦住公子小白。鲁庄公同意了。

管仲带着人马快速向临淄跑去。

鲍叔牙和小白的人马在路上走了很长时间，这时候，大家都又累又饿。

“老师，我们休息一会儿，吃点儿东西再赶路吧。”公子小白说。

“好吧。”鲍叔牙同意了。

于是士兵们开始在路边做饭。

管仲带着人从后边赶过来，看到有一队士兵在前边的路边做饭。再仔（zǐ）细一看，他看到了鲍叔牙和公子小白。不出所料，他们果然赶到了自己的前面。

管仲叫自己的人马停下。鲍叔牙的车多兵多，自己只有30辆车，肯定打不过。怎么办？管仲的脑子里飞快地想着各种办法。

劝鲍叔牙带小白回莒国去，行不行？这肯定不行，他们不会答应。

那只有一种办法了，一箭射死小白。管仲对自己的箭法很自信。

于是，管仲让别的车停下来，只有自己的这辆车继续往前走。

“公子，这么急急忙忙地去做什么呀？”管仲大声说。

一看到管仲，鲍叔牙和公子小白都吃了一惊。他们没想到管仲来得这么快，这下麻烦了，你死我活的时候到了。

“我们做什么，关你什么事？”公子小白说。

“我说，你们还是回莒国去吧，当国君也该轮到公子纠呀。”管仲说。

“谁当国君，那要看天命了。你怎么知道就该公子纠当国君？”鲍叔牙说。

“他是哥哥呀，当然该轮到他，你们争什么！”管仲说。

“你快走吧，要不，我们就不客气了。”鲍叔牙说。这两个朋友这时候竟然变成了敌人。

公子小白和鲍叔牙的态度很坚决，看来真的只能用最后的办法了。管仲悄悄地转过身来，拿过弓箭，忽然抬起手来，对着公子小白射了一箭，那支箭“嗖(sōu)”的一声飞出去，正好射在公子小白的胸口上。

公子小白“啊呀”一声，向后倒下去，不再动弹。

“公子，公子！”鲍叔牙着急地扑向公子小白，大声地喊着。

公子小白没有回应，躺在车上一动也不动。鲍叔牙大声地哭了起来。

管仲很高兴，公子小白死了，齐国的国君当然就是公子纠的了。

他带着他的30辆兵车回去了。他要向鲁庄公报告，他们可以慢慢地走，因为已经没有人来跟公子纠争了。

可是公子小白没有死，也没有受伤。管仲的这一箭虽然射得很准，可是公子小白的胸前有一个衣带钩（gōu），那是铜的，箭正好射在衣带钩上。公子小白向后倒下，只不过是装死，他知道，他要是不装死，第二支箭马上就会射过来。

他这一倒下，骗过了管仲，也骗过了鲍叔牙。

等听不到管仲人马的声音了，公子小白问：“他们走远了吗?”

鲍叔牙吃了一惊，原来公子小白没有死，连他都被骗了。他赶紧说：“已经走远了。”

公子小白坐了起来，手里拿着那支箭。

“公子，大难不死，必有后福，这是好事情啊！”鲍叔牙说。

“好你个管仲，以后一定跟你算这个账（zhàng）！”公子小白狠（hěn）狠地说。

“我们赶快走吧。”鲍叔牙说。

他们赶到临淄的时候已经是傍晚了，鲍叔牙把公子小白和100辆战车安排在城外住下，自己一个人进了城。

算账 suàn zhàng 吃亏后与人计较。

齐桓公即位

鲍叔牙到城里去做什么？

他要去说服齐国的大夫和贵族们，让他们接受公子小白为齐国国君。他首先拜访了两家最有势力、最有影响的贵族，只要他们同意让公子小白当国君，那别的大夫就没什么问题了。

齐国的大夫和贵族们其实更想让公子纠当国君，因为他是老二，老大诸儿死了，应该轮到老二才对，要是老二也死了，才轮得上老三。现在，老三怎么抢到前头来了呢？

这样的想法对公子小白非常不利。不过，鲍叔牙很有信心。

“第一呢，公子小白比公子纠品行好、有能力。”鲍叔牙说，“一个国家要是国君品行好、有能力，国家就会富强，大家日子都好过。要是君主无道，大家都会倒霉（dǎo méi）。想当年，周文王的父亲季历，不就是老三吗？他继了位，后来才有了我们今天的周朝呀！”

贵族们觉得鲍叔牙说得有道理。季历确实是老三，两个哥哥为了让老三继位，都跑到江南去了。后来周文王的儿子周武王打败了商朝，建立了周朝。这段历史人人都知道。

鲍叔牙觉得，这个理由虽然有力，但是还不能够

倒霉　dǎo méi　碰到坏的事情。

说服他们。于是又说："再说了，公子纠现在在鲁国，鲁国人把他送回齐国当国君，一定自以为有功，以后一定会骑在我们齐国人头上，让我们报答他们。以前别的国家不是也发生过这样的事吗？以后我们得给他们多少钱才是个头呀！"

这个理由说得贵族们连连点头，他们心里想，说什么也不能让鲁国人骑在咱们齐国人的头上！

"齐国连着两个国君被杀，国内开始乱了，要是没有贤能的国君，就不可能安定下来。现在公子小白先到来，这难道不是天意吗？"鲍叔牙接着说。

鲍叔牙确实很明白这些人的心理，当时的人都非常相信天意，于是他们都改变了主意，决定让公子小白当齐国的国君。

他们连夜到城外，把公子小白迎了进来。

于是，公子小白当了国君，他就是历史上有名的齐桓（huán）公。

大家回到城里的时候已经是半夜了，可是谁都不敢休息，因为鲁庄公正带着公子纠往临淄赶呢，他们来了怎么办？

"我们必须尽快派军队去，告诉他们，齐国已经有了国君，请他们回鲁国去。"鲍叔牙说。

"要是他们不答应呢？"

"那就打，把他们打回去。"鲍叔牙坚决地说。

大家都觉得只能这样了。

于是，鲍叔牙带着齐国的军队来到了城外，摆开了阵势，等着鲁军到来。

第二天，有人向鲁庄公报告说，公子小白已经当了齐国的国君。

管仲很吃惊，自己那一箭明明射中了公子小白的心口，他怎么没有死呢？他心里非常懊恼（àonǎo）。心里想，这大概就是天意了。

鲁庄公听说公子小白当了国君，心里很生气，说道："要轮也该轮到公子纠，他老三怎么抢到老二前面去了呢?"

"齐国人叫我们回去，我们怎么办?"

"理在我们这边，怕他们干什么?"鲁庄公说，"叫我们300辆战车灰头土脸地回去吗？太没面子了。"

"那怎么办?"

"打！谁怕谁?"鲁庄公说。

他也不想一想，人家齐国兵车多，人多，而且早有准备，打得过人家吗?

结果，鲁国大败，不但丢掉了大多数兵车，死了几个将军，连鲁庄公自己也差一点儿被齐国人抓住。管仲带着公子纠逃得快，才没有被抓住。

懊恼　àonǎo　心里不高兴，很烦恼。

鲁庄公带着公子纠和管仲逃回鲁国。可是齐国人紧追不放，一直追到鲁国，还占领了鲁国的领土汶（wèn）阳。

鲁庄公本来是怕丢面子。可是，这一下不仅面子丢得更大，而且受到了很大的损失。这就是做事不动脑子的结果。

打败了鲁国军队，齐国人都很高兴，只有鲍叔牙说："咱们别高兴得太早。公子纠还在鲁国，他有管仲和召忽，还有鲁国人帮助，早晚会给咱们带来麻烦。"

"那怎么办呢？"齐桓公说。他刚当上齐国的国君，心里有点儿害怕。

"鲁国人这次被打败，已经非常害怕我们了。我请求让我带领军队到齐鲁的边境上去，向他们讨要公子纠。鲁庄公不敢再跟我们打仗，一定会把公子纠交给我们。"鲍叔牙说。

"那好，你多带一些军队去。"齐桓公说。

鲍叔牙带着齐军又来到边境，派大夫隰（xí）朋给鲁庄公送去了一封信。信里说：

"家无二主，国无二君。公子小白已经当了齐君，公子纠不应该来争夺这个位子。齐君不忍心杀害自己的兄弟，请你帮我们杀死公子纠。管仲和召忽是齐君的仇人，请把他们交给我们，让我们亲手杀死他们。"

鲍叔牙特别关照隰朋，管仲是天下奇才，对齐国太重要了，一定要让管仲活着回来。

隰朋说："如果鲁君要杀管仲，怎么办？"

"你就说，齐君要报一箭之仇，一定要亲手杀死他。"鲍叔牙说。

鲁庄公看了信，跟大臣们商量了半天。大家都觉得，现在齐国的大军就在鲁国的边境，要是不按他们的意见办，齐军一定会打进来，鲁国是没有力量再跟齐国打一仗了。为了几个外人，弄得国家破亡（wáng），不值（zhí）得。

于是，鲁庄公只好杀了公子纠。

公子纠死了，他很可怜。

不过，要是公子纠夺得了国君的位子，那么死的就是公子小白了。

召忽见公子纠死了，就说："主人死了，我怎么还能活着？"于是他自杀了。

管仲没有自杀。他不是贪生怕死，他有非常强的使命感，觉得还有更重要的事情在等着自己去做，他不能死。

他坐进了囚（qiú）车。

囚车 qiúchē

不值得　bù zhídé　没有意义，没有必要。

有人跟鲁庄公说："管仲是天下奇才，到了齐国，齐君恐怕不会杀他，反而会用他，这对我们很不利。不如我们现在把他也杀了。"

齐国使者隰朋知道了，赶紧说："管仲差一点儿就射死了我们的国君，国君怎么会不杀他呢？"

鲁庄公信以为真，就让齐国使者带着管仲的囚车走了。

在路上，这一伙人走得很慢。是呀，回去了，还着什么急？

可是管仲心里很着急。他知道，自己能够不死，一定是鲍叔牙努力的结果。现在虽然已经往回走了，但是仍然很危险，因为鲁庄公随时可能会改变主意，又派人来杀他。

所以，他一个劲儿地催驾车的人快点走。人们走累了，他就编一首歌，教大家唱。一边唱歌，一边走，就不觉得累了。结果，两天的路程，一天半就走到了。

隰朋带着管仲走了以后，鲁庄公果然后悔没有杀死管仲。所以，过了半天又派人去追他们，想把管仲杀死在路上。可是他们一直追到边境，也没有追上管仲。

鲍叔牙早就在边境上等着了，见到管仲，他高兴得跳了起来，赶紧让人把囚车打开。

"谢天谢地，你终于活着回来了。"鲍叔牙说。

管仲说："老鲍，真是惭愧（cánkuì）啊。"

"惭愧什么？这是天意。"鲍叔牙说。

"召忽为公子纠自杀了，而我却没有死，活了下来。这会让人笑话的。"管仲确实觉得很惭愧。

"你是一个明白人，怎么说起糊涂话来了呢？做大事的人不拘（jū）小节，你肩负着重大使命，使命没有完成，怎么能死？你的事业还没有开始呢。"鲍叔牙安慰（wèi）他说。

公子纠死了，管仲回来了，鲍叔牙终于松（sōng）了一口气。第二天，他就命令军队离开边境回临淄。

回到临淄，鲍叔牙向齐桓公报告，说："主公，我有一个好消息和一个坏消息，您先听哪一个？"

"坏消息是什么？"齐桓公问道。

"您的哥哥公子纠死了。"鲍叔牙说。

齐桓公确实很难过，他跟哥哥从小在一起，兄弟俩感情不错。可是，现在为了争国君的位子，闹得你死我活，真叫人伤心。可是这也是没办法，要不然死的就是自己了。

"好消息呢？"齐桓公问。

惭愧 cánkuì 因为自己做错了事，心里感到不安，觉得对不起别人。

不拘小节 bùjū-xiǎojié 不注意生活小事，觉得小的事情不会有太大影响。

松了一口气 sōngle yìkǒuqì 不再担心了。

“管仲还活着，我给您带回来了。”鲍叔牙说。

“好，这个家伙射了我一箭，我差一点儿就死了。这回我要扒（bā）了他的皮！”齐桓公说。

“主公，您可不能杀他，他是天下奇才，对您非常重要。”鲍叔牙说。

“那他射我一箭的事就算了吗？”齐桓公说。

“当臣子的，各为其主。那时候他的主公是公子纠，不知道有您。以后他成了您的臣子，就会一心一意帮助您了。他以后能为您得到天下。请您不要记这一箭之仇。”鲍叔牙说。

“那好，那就免（miǎn）了他的死罪（zuì），放了他吧。”齐桓公说。

齐桓公是挺佩（pèi）服鲍叔牙的，如果没有这位老师的帮助，他不可能当上齐国的国君。所以，鲍叔牙的话他能听进去。再说，他刚刚当上国君，没有经验，需要人才帮自己治理国家。

鲍叔牙让管仲住进了自己的家里，准备等以后有机会，再向齐桓公推荐管仲。

佩服 pèifú 觉得别人特别了不起，比自己强。

管仲拜相

齐国又有了国君，国家安定下来了。

齐桓公要做的第一件事，就是论功行赏（shǎng），奖赏有功的大臣。有的升官，有的发财，有的又升官又发财。

“老师，您来当相国吧。”齐桓公对鲍叔牙说。

相国是最大的官，就是现在的总理。齐桓公想把最高的官位留给自己的老师鲍叔牙。

“不行，不行。我当不了。”鲍叔牙赶紧说。

“老师，您不要太谦虚（xiānxū）。”齐桓公说。

“主公，不是我不想当。我这样的人，最多也就能当个大夫。当相国，我的才能不够。”

“为什么？”

“治理国家不容易，要让老百姓安居乐业，过上好日子。要让国家富强，四邻不敢轻视我们。要让王室和诸侯（zhūhóu）都能信服。上上下下都能得到好处，国家才能安定发展。国家安定发展了，您当君主的就省心多了。”鲍叔牙说。

拜相 bài xiàng 请他做国家的丞相、相国。

论功行赏 lùngōng-xíngshǎng 谁的功劳大，奖赏就多。赏：因为做得好，上级给下级奖励。

谦虚 qiānxū 不骄傲，不觉得自己有什么了不起。

王室 wángshì 王族，这里指周朝天子。

诸侯 zhūhóu 古代帝王统治下的各国君主的统称。这里指周朝下面的小国国君。

“那么你说谁行？”

“有一个人比我强百倍。”

“还有人比你强百倍？谁？”齐桓公不太相信。

“管仲。”鲍叔牙说。

“老师，你这么推荐他，是不是因为他是你的朋友呀？”

“不是因为这个。主公，管仲是天下奇才呀，他的才能，我远远比不上，别的人也远远比不上。有他帮助您，齐国一定能富强。”

“那么，你就叫他来，我跟他谈一谈吧。”齐桓公说。

“主公，随便把他叫来可不行。您给他什么礼节，就能看出您给他多大信任和权力。所以，必须您亲自到郊外去迎接他。”鲍叔牙很认真地说。

齐桓公心里想，自己刚刚当上国君，不知道应该怎么治理国家，既然老师这样说，那管仲一定是非常厉害的。于是他痛快地说：“好吧，我亲自去迎接他。”

鲍叔牙选了一个好日子，先把管仲安排在郊外，然后陪着齐桓公去迎接管仲。见到管仲，齐桓公跳下车来，恭（gōng）恭敬敬地请管仲上自己的车。

管仲慌忙说：“我是有罪之人，谢主公不杀之恩（ēn）。”

恭恭敬敬　gōnggōngjìngjìng　很尊敬、很客气的样子。

齐桓公说："先生是大才，以前的事不要再提了。"

两个人肩并着肩，坐着同一辆车进城了。

马车在临淄的街道上慢慢地走着，街上的老百姓纷纷来看热闹。

"跟国君坐在一起的那个人是谁？"人们问道。国君穿的衣服跟别人不一样，大家一看就知道，旁边那个人很多人不认识。

"这个人是管仲，他曾经射了国君一箭，差一点儿把国君射死。"有人说。

"天哪！这样的人我们的国君都不计较？"大家都很惊叹（tàn）。

齐桓公不计前仇的故事很快就传遍了齐国，并且很快就传到了其他各国。

到了宫里，齐桓公恭恭敬敬地请管仲坐下，然后自己才坐下来，说："我今天请先生来，是要向先生请教治国的方法，请先生指教。"

管仲一点儿也不客气，这么多年来，他想得最多的就是这个。所以，想也没想地就说："治国之道，必须先富民，然后强国。国君要以老百姓为天，这样，老百姓才会拥护（yōnghù）你。只有得到老百姓的拥护，国家才会安定，才有可能强大。如果老百姓对国君不

拥护　yōnghù　表示同意，认为这样做很好。

满，国家就危险了。如果老百姓痛恨国君，那么国家就会灭亡。”

“你说得真对呀！以前的事情就是这样的。”齐桓公连连点头，“那么应该从哪里做起呢？”

管仲说：“管理一个国家，法治是最重要的。全国上下，不管你地位多高，都要守法。国家治理得好坏，根本在于能不能以法治国。”

“怎么使国家富强起来呢？”齐桓公问道。

“先要重视农业，农业丰（fēng）收了，粮食多了，老百姓有吃的，就会安居乐业。如果合理地开发土地，就会引来更多的百姓。大家有饭吃了，才会懂得礼节。吃穿不愁，就会明白什么是好的，什么是丢脸的。总之，民富是社会和谐（xié）稳（wěn）定的基础（jīchǔ）。”

这些是管仲跟老师学习的时候学来的，这是周公的思想。

“对，对。还有呢？”齐桓公问。

齐桓公以前从来没有听过这样的道理，听管仲这么一说，心里明白了许多。原来，管仲真的这么有学

丰收 fēngshōu 收很多粮食。
和谐 héxié 合作得适当；人与人之间很和气。
稳定 wěndìng 社会平静，没有动乱。
基础 jīchǔ 原意是指房子的根脚，后来指事物发展的根本或起点。

问呀！怪不得老师鲍叔牙一再推荐他。所以他急切地想了解更多。

管仲呢，终于有机会把自己这么多年来学到的、想到的，都介绍给君主听了，心里很高兴。两个人很能谈得来，忘了疲劳，竟然谈了三天三夜。

最后，齐桓公说："管老师，您来当相国吧。"

让一个老百姓一下子当总理，这是多大的信任呀！可是没想到，管仲竟然说，不行，他干不了。

"为什么？"齐桓公不明白。

"主公，我不够高贵，领导不了地位高的人。我怕您的亲戚、贵族们说我的坏话。而且我也没有什么钱，我怕我会贪污（tānwū），做事情有私心。"管仲说。

管仲确实是管仲，他知道以后会碰到什么问题。他以前那么穷，当了官以后就不想过穷日子了。他当然更不能去贪污，给别人做一个坏榜（bǎng）样。所以，应该先把丑（chǒu）话说在头里。

"这个好办，我让你当上卿，地位不就高了吗？"齐桓公说。上卿是最高的贵族，在齐国只有两家贵族是上卿。

"而且，从今以后你不仅是我的老师，我还会像对待父亲一样对待你，看谁还敢说你的坏话。"齐桓公说。

贪污　tānwū　偷偷地拿走国家的钱。

“没钱，也好办。我给你三处封地，再给你齐国一年的税（shuì）收，这么多钱你随便花都花不完。”齐桓公确实很大方，他知道管仲说得有道理。

“谢谢主公。即使那样，我一个人也干不了。”

“你当相国，需要谁帮你干，你说了算，我听你的。”齐桓公说。

“主公，齐国有人才呀。对外交往，脑子快，说话得当，有理、有利、有节，我不如隰朋，让他当大司（sī）行吧（相当于外交部长）。”

“好，好。我同意。”

“熟悉农村，懂得农业生产，我不如宁（níng）越，让他当大司农吧（相当于农业部长）。”

“对，好主意。”

“带兵打仗，我不如王子成父，让他当大司马吧（相当于国防部长）。”

“当然，你跟我想的一样。”

“熟悉法律（lǜ），执法公正，我不如宾（bīn）须无，让他当大司理吧（相当于最高法院院长）。”

“好，就是他。”

“敢说实话，为人正直，会指出我们错误的人，是东郭（guō）牙，让他当大谏（jiàn）官吧。”

税收 shuìshōu 国家收上来的钱。

“可以。还有呢？”齐桓公说。

“没有了。”管仲说。

“怎么没有了？我的老师鲍叔牙呢？他可是你的好朋友，不但救过你，还推荐你当相国。难道你不给他安排一个位子吗？”齐桓公吃惊地说。

管仲说：“鲍叔牙确实是我最好的朋友，但是朋友归（guī）朋友。跟任用人才不是一回事，用人要根据才能，必须合适才对。主公，如果根据关系亲不亲来用人，把不合适的人安排在不合适的位子上，那国家就没有希望了。”

齐桓公想了想，觉得管仲说得对。

可是老师鲍叔牙怎么办呢？他一定会很生气。他功劳那么大，把自己扶上了国君的位子，可是封官的时候，竟然没有他。这样做，谁都会生气。

齐桓公很担心，心里想，这件事告诉大家之前，必须先跟鲍叔牙说好，我另外给他安排个职位，省得他想不开。

谁知，他跟鲍叔牙一说，鲍叔牙说：“好啊，每个位子都非常合适，管仲真是好眼力。”

“管仲没有推荐你，我觉得很对不起你。”齐桓公说。

“主公，做大事不能讲私情，这正是我推荐管仲的原因。要是他把你给他的权力分给他的朋友，他怎么能管理好这个国家呢？”鲍叔牙说得很真诚。

“可是，你……”齐桓公还想说什么。

“主公，我的能力我自己知道，我仍然会追随在您的身边，帮助管仲，做我力所能及的工作。”鲍叔牙说。

齐桓公很感动。他庆幸自己有管仲这样有才能的大臣，还有鲍叔牙这样真诚的老师。

鲍叔牙确实是个很了不起的人，他的人品高尚(shàng)，达到了最高的境界。

如果说管仲是因为他的才能，在中国历史上名留青史的话，那么鲍叔牙就是因为他的人品一直被人们称赞。

“管鲍之交”后来成为了一个成语，意思是无私的朋友。管鲍之交中，最难得的是鲍叔牙，可惜，那样的人太少了。

齐鲁之战

管仲当了齐国的相国和上卿，鲁国的鲁庄公很生气。

他为什么生气？因为当初管仲跟公子纠在鲁国的时候，齐国大军压境，说要死的公子纠，要活的管仲。

鲁庄公本来想把管仲一起杀掉，可是齐国人说，齐国国君非常痛恨管仲，要亲手杀死他。鲁庄公信以为真，让管仲活着回去了。

“现在管仲不仅没有被杀掉，反而当了上卿，这不是欺骗我吗？你齐国人以为我鲁国好欺负是不是？”

“把我当傻瓜（shǎguā），不行。我非得出出这口气不可。”鲁庄公说。

于是，他调集了500辆战车，准备去打齐国。

当时打仗使用战车，一辆战车用4匹马拉，一个人赶车，车上站着两个拿着长戟（jǐ）的武士。战车后跟着一群步兵。战车越多，冲击力越大，实力越强。500辆战车，在当时已经是很多了。

长戟 chánɡ jǐ

战车 zhànchē

傻瓜　shǎguā　什么都不懂的人。

鲁国要来攻打齐国的消息，很快就传到了齐国。

齐桓公找大臣们商量怎么办。

“鲁国人是我们的手下败将，我们不如主动出兵去打他们。”齐桓公说。他觉得上次把他们打败过一次，这次打败他们也没问题。

“主公，我们不要轻易打仗。您刚刚当上国君，我们有很多事情要做，这时候应该尽可能避免（bìmiǎn）战争。我建议，派人去跟他们谈判（tánpàn），给他们一点儿好处，如果把上次占他们的汶阳还给他们，他们就不想打仗了。”管仲说。他反对齐桓公的意见。

齐桓公的脸色不大好看，但是他还是问其他人：“你们的意见呢？”

结果，别人都同意管仲的意见，反对打仗。

齐桓公心里想：“鲁国人有什么呀？打败他们轻而易举。军队派出去，用不了几天就回来了。”

因此，他说：“我已经决定了，要给鲁国人一点儿厉害瞧（qiáo）瞧。这样吧，这次不用你们去，我派鲍老师去。”

管仲没有再反对。他知道，自己曾经跟公子纠一起，在鲁国待了好几年，如果再反对，说不定齐桓公会以为他在帮鲁国。

避免 bìmiǎn 尽量让某种事情不要发生。

谈判 tánpàn 双方坐下来，对一些重要问题进行会谈，商量解决的办法。

鲍叔牙领着500辆战车出发了。他这次没有听管仲的话，他也觉得鲁国人很容易对付，上一次他们不是被自己打得落花流水吗！这次肯定也没问题。

鲁庄公听说齐国军队打进来了，心里有些紧张。鲁国的军队虽然已经调集起来了，可是鲁庄公觉得鲁国没有懂得打仗的将军。齐国军队的战斗力他是知道的，他害怕这一次又失败，所以心里有些发愁。

“主公，我推荐一个人。”鲁国的相国施（shī）伯（bó）说。

“谁？”

“这个人叫曹（cáo）刿（guì）。”

“他是干什么的？我怎么没听说过？”

“他是一个老百姓，住在东平的乡下。”

“一个乡下人，他行吗？”

“他虽然从来没有当过官，但他是一个将相之才。”

“那就把他找来吧。”鲁庄公说。

你心里一定会想：马上就要打仗了，临时去农村找一个从来没有打过仗、更没有指挥过军队的乡下人来指挥打仗，这太离谱（lípǔ）了吧？鲁庄公的脑子是不是坏了？

不过，那个时候隐居在民间的高人还真挺多，比如

离谱 lípǔ 做事做得太没道理。

管仲、鲍叔牙，还有管仲的老师，等等，这些人还真都是将相之才。所以，鲁庄公的想法在当时并不奇怪。

事实上，那个曹刿并不是不行，只是他以前没有机会。

当鲁庄公派施伯去请曹刿的时候，曹刿笑了起来，说：“朝中那么多吃肉的大官都没有办法，倒来乡下找我这样一个吃苦菜的老百姓？”

那时候老百姓生活很苦，没有吃的，常常吃苦菜。

“吃苦菜的如果有办法，那他以后就也能吃肉了。”施伯说。

说得对！这是一个好机会，曹刿当然不会放过，所以他去见了鲁庄公。

鲁庄公请他吃肉，问他怎么才能打败齐国军队。

“打仗要根据当时的情况，只能到了战场再说。”曹刿要求跟鲁庄公乘同一辆战车，到时候好出主意。

公元前684年春天，两国军队在长勺（sháo）摆开了阵势。曹刿让鲁军准备好弓箭，守住军营，不要让齐军冲进来。

齐军那边，鲍叔牙下令擂（léi）鼓（gǔ）。擂鼓做什么？

打仗的时候，指挥官下命令，远处的人听

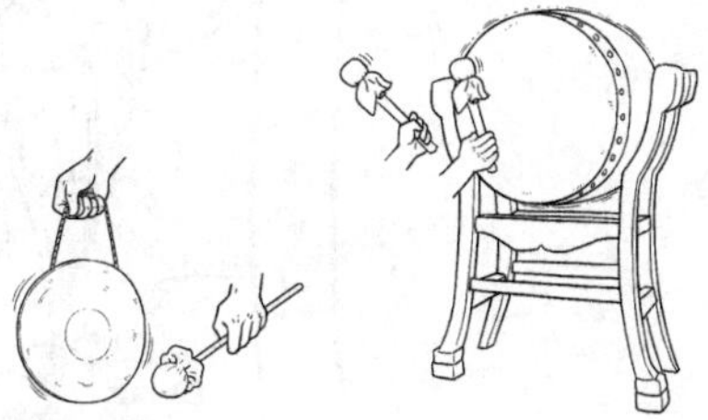

鼓 gǔ　　锣 luó

不见，所以古人想了个办法，将军们用鼓声和锣（luó）声来指挥作战。擂鼓表示进攻，敲锣表示后退。

齐军的战鼓擂得震（zhèn）天响，士兵们听见了鼓声，一齐冲向鲁军的阵地。

鲁庄公也想叫人擂鼓。曹刿急忙制止（zhìzhǐ）他，说："现在齐军的气势正盛（shèng），先不要跟他们交战。"

齐国的战车和士兵冲到鲁军军营前，鲁军却躲在军营里不出来，但是他们的箭像雨点一样飞射过来，齐军冲不过去，只好撤（chè）退。

过了一会儿，齐军整顿好队伍又开始擂鼓往前冲，鲁军还是不出来。齐军只好又退了回去。

冲了两回都白忙活，齐军的士兵们纷纷骂鲁军是胆小鬼，不敢拼个你死我活。

齐军开始第三次冲过来了，这一次，他们的士气明显没有前两次那么高了。士兵们以为鲁军是胆小鬼，还是不敢出来。

鲁军真的还是没有出来，齐军只好又往后退。

就在这时候，曹刿跟鲁庄公说："快，咱们也擂鼓。"

鲁军的鼓擂响了，鲁国的战车和士兵从军营里冲了出来。齐军赶紧回过身来应战，两军大战起来。齐

制止 zhìzhǐ 叫他停止，不要做。

军没想到这次鲁军会冲出来，而且气势那么猛（měng），一下子支持不住了，开始往后退，结果撤退变成了逃跑，很快就溃（kuì）不成军。

鲁庄公要命令追击。曹刿连忙拦住了他，说：“等等，我先看看。”

他跳下车来，看了看地上，然后上了车，说：“可以追了！”

于是，鲁庄公下令追击。

齐军在前面逃命，丢掉了很多东西，死伤了不少士兵。鲁军在后面奋勇追赶，他们一下子把齐军赶回了齐国。

这一仗鲁军大胜，鲁庄公很高兴，问曹刿：“两军的战车和士兵的数量差不多，这次为什么我们能取胜？”

曹刿说了一句很有名的话：“夫战，勇气也。一鼓作气，再而衰（shuāi），三而竭（jié）。”意思是说，打仗要靠勇气，擂第一遍鼓的时候，士气最盛。擂第二遍鼓的时候，士气就已经不如先前了，到第三遍鼓的时候，已经没有士气了。敌人擂了三遍鼓，没有士气了，而我们才擂第一遍鼓，士气正盛，所以我们能打败他们。

溃不成军 kuìbùchéngjūn 军队被打散了，士兵们只顾自己逃命，没有人听指挥了。

“那我要追的时候，为什么你不让我马上就追呢？”鲁庄公说。

“齐国的军队很强大，我怕他们是假败退。所以要下车看一看车辙（zhé）。结果发现他们的车辙很乱，旗子也倒得到处都是，确实是慌忙逃命的样子。所以我们可以放心追赶。”

鲁庄公觉得曹刿很有才能，就让他当了大夫。

鲍叔牙这一次大败而回，丢了很多战车，觉得很没面子，一心想着要报仇。

齐桓公安慰他，说：“我不信打不过鲁国人，咱们再打！”

管仲还是反对，说：“别打了，我们还是先发展经济，民富国强了，鲁国自然就服我们了。”

鲍叔牙以前一直很佩服管仲，管仲说什么他都听。可是这一次因为报仇心切，他不想听管仲的了。他建议联合宋（sòng）国，两国的军队一起去攻打鲁国。

齐桓公觉得这是一个好主意，就派他去宋国。

宋国同意出兵，因为他们以前常常被鲁国欺负，也想报仇。

这年秋天，两国的军队都到了鲁国。齐国军队在北，宋国军队在南。如果两国的军队同时进攻，鲁国就危险了。

车辙 chēzhé 车经过后，车轮在地上留下的印子。

鲁庄公跟大臣们商量，觉得宋国军队战斗力不强，决定先打败宋国军队。

结果，果然宋军大败，连他们的主将都被鲁军抓住了。

鲍叔牙一看不行，只好灰头土脸地撤军回去了。

在路上，鲍叔牙一边走一边想，自己丢了一次面子，还要再丢第二次面子，真是太傻了。早听管仲的就对了，还是他比自己高明得多呀。

齐桓公也发现自己错了，他公开向管仲承认了错误，并且表示，以后由管仲决定齐国的一切事情。

管仲终于可以放开手脚进行改革了。

管仲改革

管仲当了相国以后，做了些什么呢？

一个国家有很多老百姓，老百姓分散在各处，很难管理。管仲首先做的是把老百姓全都组织起来，全国形成一个统一的整体。

他把百姓分为士、农、工、商四种，让他们按照职业居住。士人，安排他们住在清静的地方；工匠（gōngjiàng），安排他们住在官府周围；商人，安排他们住在市场附近；农民，安排他们住在郊外田野。把全国划分为21个乡，其中6个工商乡和15个士农乡。

把老百姓组织起来后，要尽快发展经济。管仲认为，国家的安定或者不安定，人民的守法或者不守法，跟经济发展关系十分密切。

首先，要发展农业。有两件事要做，第一件是提高农民的生产积极性。

怎么提高农民的生产积极性呢？

以前多数土地都在贵族手里，现在要把地分包给农民，也鼓励农民开荒地。

第二件事是减轻农业税。

对土地分等级，根据土地的好坏来确定收多少税。好的地税收多一些，差的地税收少一些。同时要根据年景收税，两年收一次。

工匠　gōngjiàng　进行手工生产的工人。
农业税　nóngyèshuì　国家按土地多少向老百姓收的钱。

那时候农具非常简单，都是木头的。当时虽然已经有铁（tiě），但是铁很少。管仲鼓励发展手工业，让农民使用先进的铁农具。

这样一来，农民多劳就能多得，大大提高了生产的积极性。他们不敢耽误（dānwù）农时，及时种地，及时进行田间管理，早起晚睡，全家人辛苦劳动，收获多了，生活比过去好了。吃不完的粮食卖到市场上，齐国的粮食也多了。

别国的农民看到齐国的农民富了，就纷纷移民来到齐国，开荒种地，变成齐国人。那时候人少地多，所以政府（zhèngfǔ）非常欢迎外来的移民。

但国家的收入主要不是靠农业的税收。

那么国家的收入从哪里来呢？

靠盐（yán）和铁。盐和铁由国家经营，私人不可以买卖。

齐国在海边，能够生产盐。内地很多国家没有盐，都要买齐国的盐。

过去齐国的盐是私人经营的，卖得很便宜。现在，盐仍然是私人生产，但是生产出来以后，只能卖给国家，再由国家统一卖盐。私人买卖盐就是犯罪。

耽误 dānwù 错过了时间。
政府 zhèngfǔ 管理国家，代表国家做事的部门。
盐 yán 味咸，白色的颗粒，做菜时放的调味品。

政府会提高盐价，把盐高价卖给居民，高价卖往外国。国家从中赚（zhuàn）很多钱。

当时齐国大约有50万户，人口有200多万。全周朝各国加起来，大约有2000多万人口。其中有1000万人吃齐国的盐。如果对这些盐加价，这是多么大的收入！

盐是生活必需品，每顿饭都必须有盐，即使再贵，也不能不吃。

但是，由于人们吃盐吃得很少，所以即使价格提高了，人们也不会觉得受不了。

盐价高了，别的国家当然很不高兴。可是他们也没有办法，因为只有齐国有盐，他们不能不买。

结果，全周朝一半国家都要向齐国交盐税。

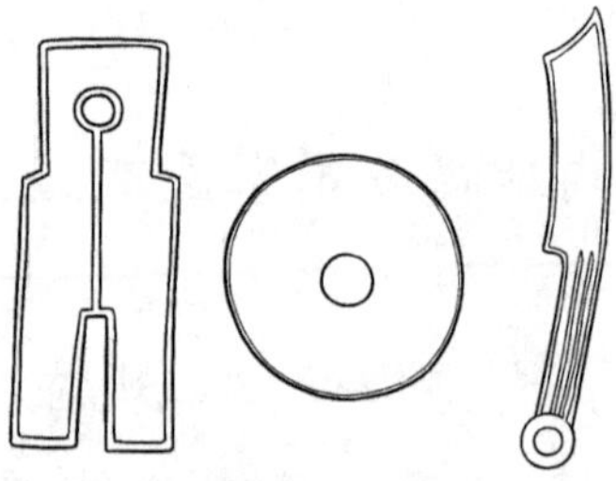
铜钱 tóngqián

铁也是这样，由政府来买卖。除了铁以外，还有金和铜。当时没有大工业，只有一些小作坊（zuōfang），把铁加工成农具，把铜加工成武器。铜也用来造钱，当然只有官府的作坊才可以造钱。

管仲很重视发展手工业和商业。手工业和商业发达了，别国的商人纷纷来到齐国做生意。齐国优待外国商人，收税很低，使他们有钱可赚，而且为他们提供便利的生活条件。

这样，齐国都城临淄的经济很快发展起来，街上都是商店，挤满了卖东西和买东西的人。

只用了三年时间，齐国一下子就变了样，国家有钱有粮食，老百姓有吃有穿。

虽然如此，有些老百姓还是因为生病、受灾等原因，不得不向有钱人借钱。

可是有钱人的钱不是那么好借的，要还很高的利息。比如说，今年借100钱，明年就要还150钱。这就是高利贷（dài）。因此，这些借钱的农民生活越来越苦，越来越困难，最后就生活不下去了。

齐桓公了解到这种情况，问管仲怎么办。

管仲想出了一个办法，他一边派人到各地去了解农民借钱的情况，一边贴出布告，说：如果有人想见国君齐桓公，就必须送织有兰（lán）花的美锦（jǐn）。美锦是一种很漂亮的丝绸（sīchóu），是有钱人用来做衣服的。

同时，他下令，国库（kù）的美锦只准买进，不准卖出。这样，兰花美锦就都到了国库里，市场上越来越少了。过了一段时间以后，兰花美锦的价格大涨（zhǎng），每一匹达到万钱。

国库 guókù 保管国家资金的机构。
涨 zhǎng 越来越高。

这时，那些放高利贷的富人都收到了国君的请柬（jiǎn），国君请他们赴宴（fùyàn）。富人们很高兴，想不到国君这么看得起他们，全都感到非常有面子。

宴会开始了，齐桓公拿起酒杯，说："听说各位把钱和粮食借给穷人，使他们也能够交税。大家都交税，国家才能有钱。我很感谢各位，所以，要敬各位一杯。"

富人们都有点儿奇怪，不知道国君接下来要说什么。

齐桓公接着说："不过让老百姓借高利贷来交税，我心里很不安。作为国君，我有心想为这些穷人还钱。可是，国家实在是没有那么多钱。听说现在市场上兰花美锦的价格很贵，到了每匹万钱，国库里倒有很多兰花美锦，我想用兰花美锦来还他们的钱，使他们的日子能过下去。不知道行不行。"

富人们终于听明白了，这是要他们放弃借给穷人的钱。虽然他们心里很不愿意，但是既然国君这么给面子，就只好答应了。他们纷纷把借条拿出来，按万钱一匹的价钱，拿走了等量的兰花美锦。

齐桓公和管仲用 3000 匹兰花美锦，还清了穷人们借的钱，使这些人的生活重新有了希望。

请柬　qǐngjiǎn　请别人参加宴会的通知。
赴宴　fùyàn　去参加宴会吃饭。

尊王称霸

齐国强大了，民富国强、社会安定。

齐桓公很想当天下的领袖，他问管仲："我们可以当天下的盟（méng）主，让诸侯们来会盟了吗？"

如果诸侯们能来参加会盟，那就是服从齐国的号令了，齐国就成了盟主。

当时各诸侯国都以强欺弱。自己强大了，就想去侵略（qīnlüè）邻国，抢人家的东西，占领人家的地方，扩大自己的领土。同样，邻国要是强大了，也会派军队来抢东西。

管仲跟他们完全不一样，他帮助齐桓公当盟主，不是为了抢人家的东西。他从心底里尊重周王室，希望各诸侯国能够在周王室的下面和平相处。

但是，当时周王室的力量已经很弱，没有人听周王室的话。所以必须要有一个强大的诸侯国来统领各诸侯国。齐国想要打着尊王的名义，来让中原各国都服从齐国，听从齐国的号令。

所以，管仲回答齐桓公："您以什么名义让诸侯们来开会？"

齐桓公没有想过这样的问题。

管仲说："周王室虽然已很弱，但仍是天下之主。现在诸侯们都不去朝拜周天子了，如果您在这个时候，

尊王称霸　zūnwáng chēngbà　尊重天子，当别国的老大。
侵略　qīnlüè　派军队去占领别国的土地。

叫大家尊重周天子，就很容易得到诸侯们的拥护。”

正好，这时候宋国发生内乱，公子御（yù）说在混乱中当了国君，就是宋桓公。管仲建议（yì）齐国乘此机会，让各国在齐国的北杏（xìng）开会，请周王室出面，正式封公子御说为宋国的国君。

齐桓公觉得这个主意非常好。因为请周王室出面，就是尊重周王室，周天子一定会很高兴。而公子御说能够得到周王室的承认和其他诸侯国的支持，也一定会感谢齐国。只要大家都来了，齐国自然就是天下的盟主了。

这个计划虽然很好，可是这次会盟除了宋国以外，只来了三个小诸侯国的国君。那些大一点儿的诸侯国，比如鲁国、郑国、卫国都没有来。

他们当然对齐国不服气：你算老几呀？我为什么听你的？

齐桓公觉得很没面子。管仲却很乐观，他说：“第一次会盟，能这样就算很不错了，以后会越来越好的。”

这次会盟虽然人少，可是开得不错，参加会盟的诸侯都承认齐国为盟主。

会后，齐桓公和管仲决定出兵去打鲁国，因为鲁

建议　jiànyì　跟别人说最好这样做。

国没有参加会盟。

管仲心里想，齐国要想成为盟主，光靠软的不行，有些诸侯不吃软的。你跟他客客气气的，他不吃你那一套，必须跟他来硬的。

没参加会盟的还有郑国、卫国、曹国等，为什么齐国只拿鲁国出气呢？

因为鲁国比那几个国家大，要是鲁国服了，别的国家就不敢不服。还因为鲁国是齐国的邻居，离得近，别的国家离得远，隔着几个国家，出兵打仗困难太多。

公元前681年，管仲亲自带着700辆战车去打鲁国，大司马王子成父为先锋。

鲁国急忙全国动员，出动600辆战车来应战，这时曹刿已经死了，鲁庄公派曹沫（mò）为先锋。

两国先锋相遇，打了三仗。结果鲁军三仗都败了，只好逃了回去。

鲁国战败。

打不过怎么办？鲁庄公心里很着急。

“主公，既然打不过，就只好跟他们谈判了。”相国施伯说。

“怎么谈判呢？”鲁庄公说。

“齐国来打我们，不就是因为我们没参加会盟吗？我们认个错就是了，承认他的盟主地位。”施伯说。

“他们会答应吗？”鲁庄公有些担心。

“主公，管仲这个人我了解，他不是想灭了鲁国。再说鲁国跟齐国还是亲戚，是不是？”

鲁庄公跟齐桓公确实是亲戚。鲁庄公是齐桓公姐姐的儿子，鲁庄公应该叫齐桓公“舅舅（jiùjiu）”。

也许你会说，齐桓公太不仗义了吧！怎么老是出兵去打自己的亲戚呢？

唉（ài）！说到这里，我们不能不感叹（tàn），政治斗争残酷（cánkù）无情呀！在政治斗争中，只有各自的利益，亲戚关系是没多大用的。

前几年，鲍叔牙不是要求鲁庄公把公子纠杀了吗？那公子纠是齐桓公的亲哥哥、鲁庄公的另一个舅舅。鲁庄公杀自己亲舅舅的时候也没有犹豫（yóuyù）过呀。

鲁庄公于是派施伯去谈判，要求结束战争，跟齐国结盟。

齐桓公和管仲同意了。双方约定，两国国君在齐国会盟。

参加这样的会盟，鲁庄公心里很害怕，担心舅舅人多势众，会把自己的脑袋砍下来。

“我跟主公去！”曹沫说。

这个曹沫非常勇猛（yǒngměng），不怕死。这一次，

残酷无情 cánkù wúqíng 你死我活，不讲情面。
犹豫 yóuyù 拿不定主意。
勇猛 yǒngměng 不怕死，力气很大。

齐国人多势众，把他打败了，他很不服气。

鲁庄公觉得，在鲁国，除了曹沫，确实没有别人可以保护自己，所以就带上了曹沫。

会盟的地方临时用土建起了一个高台，会盟要在高台上进行。除了工作人员以外，双方君主只能带一个随从人员上台，而且不能带武器。

齐桓公带着管仲上了台，鲁庄公带着曹沫也上了台。鼓号响起来了，会盟就要开始了。

谁也没想到，这时候曹沫忽然拿出一把小刀来，一步跳到齐桓公面前，左手抓住了齐桓公胸前的衣服，右手把刀子对准了齐桓公的心脏。

这一下，把大家都吓坏了。人们想不明白，他是怎么把刀子带上来的呢？

齐桓公吓得说不出话来，

鲁庄公也吓坏了，他心想，曹沫他要做什么？要是齐桓公有个三长两短，那自己也死定了。

还是管仲反应快，他一个箭步跳过去，站在齐桓公前面，对曹沫说："曹将军，有话好好说，千万不要乱来。"

曹沫说："你们齐国几次来打我们，我今天要跟你们算账。"

"你想怎么样？"管仲说。

“把你们抢走的汶阳还给我们！”曹沫说。

汶阳是齐桓公刚当国君时，被鲍叔牙占领的。

管仲这才松了一口气，这点儿要求算不了什么，他本来就建议把汶阳还给鲁国。于是，他赶紧转过头来对齐桓公说：“主公，答应他吧。”

齐桓公赶紧说：“好，好，我答应，把汶阳还给鲁国。”

“好了，你说话要算数。”曹沫一边说，一边放开了手，收回了刀子，并且站回到鲁庄公身边。

这么一闹，大家都出了一身冷汗。

这一回，齐国丢了面子，接下来怎么办？

“会盟照常进行。”管仲对下面的人说。

接下来要歃血（shàxuè）为盟。

古代歃血为盟的仪式（yíshì）是这样的：把祭祀（jìsì）过天地神的牛杀了，主盟者把牛血涂在口上，这就叫歃血。接着参加会盟的人一个一个也要把牛血涂在口上。表示今后一定会坚守盟约，言而有信。如果失信，就会像这头牛一样被杀死。

仪式进行得很顺利，两国国君表示从此友好结盟，鲁国承认齐国盟主的地位。

仪式结束以后，齐桓公要宴请鲁庄公。

仪式 yíshì 开大会，按要求一步一步做。

齐国的大臣们对曹沫的行为非常气愤，建议齐桓公把曹沫抓起来杀掉，把汶阳再要回来。

齐桓公虽然也很生气，但是想了一想，说："算了，算了。既然已经歃血为盟了，就不能反悔。"

管仲也说："主公说得对，作为盟主，应该守信用。如果我们说了话不算数，以后还有谁听我们的话？这次这样的情况，我们说话都算数，那以后别人就会信任我们。"

宴会上，鲁庄公担心会发生什么事。不过，事实上什么事也没发生。

会盟结束以后，齐国果然把汶阳还给了鲁国。

这一下，鲁庄公服气了。齐国确实讲信用，以后不能再跟齐国对着干了。

上次没有参加会盟的卫国和曹国，也急忙派使者到齐国，向齐桓公解释（jiěshì）为什么没有参加会盟，并且道歉（dào qiàn），表示愿意加入会盟，承认齐国的盟主地位。

齐国想当盟主，其实不是那么容易的。即使你强大了，富裕了，那又怎么样？有些国家还是不愿意听你的。比如，齐国南面的两个小国——莒国和莱（lái）国。

解释　jiěshì　向别人说为什么这样。
道歉　dào qiàn　向别人说对不起。

齐桓公想出兵去打他们，把他们消灭了。

管仲说："不要用武力。作为盟主要以德服人，不能动不动就派军队去打人家。"

尊重王室，以王室的名义，使各诸侯国和平相处，这才是管仲要追求的目标。

管仲又说："再说，要使他们服从齐国，不一定要用战争，用别的方法也可以呀。"

管仲用什么方法呢？

莒国和莱国都出产紫草（zǐcǎo）。这是一种可以当染料（rǎnliào）的草，以前齐国都是从莒国和莱国进口的，但是需求量不大。

这年早春，莒国和莱国的街上忽然出现了一些消息，说齐国大量收购紫草，价钱比以往高一倍。

莒国和莱国的老百姓急忙把家中的紫草运到齐国去卖，价钱果然比以前高一倍。而且齐国人说，要大量收购，有多少要多少。

于是有些老百姓就在自己家的地里种紫草，不再种粮食了。到了秋天，他们果然比别人挣（zhèng）了更多的钱，他们用这些钱，轻轻松松地在齐国买到了更多的粮食。

第二年，莒国和莱国的老百姓就都不再种粮食，

消灭 xiāomiè 杀死，使他们不再存在。
染料 rǎnliào 可以使衣服变得有颜色的东西。

全都种紫草了。到了秋天，收下来的紫草堆积如山，大家都准备把紫草运到齐国去，挣齐国人的钱。

可是管仲突然下令，不准再进口莒国和莱国的紫草。莒国和莱国的老百姓一下子就傻了，这么多紫草卖不出去怎么办？这一年没种粮食，吃什么呢？

结果，莒国和莱国粮价飞涨，再后来，两国百姓不管花多少钱都买不到粮食了。而齐国的粮食很便宜，于是老百姓纷纷去了齐国，莒国和莱国的街上空空的，见不到人了。

莒国国君和莱国国君都傻了眼。最后，只好服从齐国，听齐国的。

齐国没有动一个兵，用一场商战就降服了莒国和莱国。

管仲曾经多次运用这种方法，控制（kòngzhì）周围小国的经济，从而也控制了他们的政治。

经过近30年的苦心经营，齐桓公在管仲的帮助下，先后主持了九次会盟，还帮助过周王室一次，史称“九合诸侯，一匡（kuāng）天下”。齐桓公成了公认的霸主，对于中原和平起到了积极作用。

控制 kòngzhì 使别人听话，不敢反对。

消灭侵略者

当时北方的少数民族常常南下，对中原各个国家烧杀抢夺，造成很大的破坏。北边的少数民族是戎（róng）、狄（dí）等部族，住在山里的称为山戎。

周朝诸侯国中，最北面的是燕（yān）国。燕国在哪儿呢？就在今天的北京那一带。

燕国的北面有一个令支国，是一个山戎国家。令支国常常侵犯燕国。令支骑兵一来，见到男人就杀，见到东西就抢，见到妇女就抓走，还把燕国人的房子烧掉。

燕国国家小，兵力弱，没有力量保护自己的国民。当时燕国的国君燕庄公，只好向齐国求救。

齐国在燕国的南面，虽然离戎狄部族比较远，但管仲认为，中原各国应该团结起来，共同对付北方戎狄的侵扰。

公元前663年，齐桓公和管仲亲自带着大军去救燕国。

山戎听说齐军来了，赶紧带着抢来的妇女和财物逃回去了。齐军到了燕国的国都，看到到处都是被烧掉的房子，人们都无家可归了，大家都非常痛心。齐桓公和管仲下决心，一定要从根本上解决问题，消灭令支国。

燕国的西面还有一个戎狄国家叫无终国，他们跟燕国友好。令支国的山戎也常常到那里去抢东西。所以，无终国也非常痛恨令支国。

管仲决定联合无终国的山戎，一起去打令支国。无终国派出了2000士兵，一起向令支国进发。

令支国的国君叫密卢（lú），他以为只要自己逃走了，齐军就会回去。没想到齐国人这次下了决心要灭掉他们，于是就赶紧派大将速买前来抵抗（dǐkàng）。

令支国军队当然不是齐国大军的对手，他们很快就被打得大败。密卢和速买只带着很少的人逃走了，他们逃到了另一个山戎国家——孤（gū）竹（zhú）国。

齐军占领了令支国，救回了被抢去的燕国妇女。休息了几天以后，齐军又向孤竹国进军。管仲知道，必须杀掉密卢，才能使燕国得到和平。

去孤竹国要翻过几座山，道路十分难走，齐军经过多天辛苦，终于来到了孤竹国的国都无棣（dì）。

孤竹国国君答里呵（hē），派黄花元帅（yuánshuài）迎敌。齐军虽然远道而来，一路劳累，但是孤竹国军根本不是齐军的对手。一仗下来，他们全都逃回了城里。

齐军这么强大，答里呵很害怕，问手下的大臣怎么办。

商量了一个晚上，最后终于想出了办法：答里呵带领全城军民逃跑，逃到山里去。黄花元帅带一部分士兵假装投降（tóuxiáng），然后想办法把齐军领进沙漠（shāmò）里去。那里的沙漠无边无际，要是风沙刮起来，昏天黑地，齐军分不清方向，根本走不出沙漠。沙漠中没有水，用不了两天，齐军就会全都渴死。

所以，答里呵带着人连夜逃走了。

为了让齐桓公和管仲相信自己是真投降，黄花元帅把令支国的国君密卢和大将速买杀掉，砍下了他们的头。

那令支国君臣，一次次到燕国烧杀抢夺，杀人无数，想不到现在自己也被别人砍了头。

黄花元帅提着他们的头去见管仲。

“我们投降，你看，我把密卢和速买杀死了，献给你们。”

管仲不太相信，叫几个人来看那两个人头是不是密卢和速买。结果，认识他们的人看过了以后，都说是真的，那两个人头确实是密卢和速买。

“你们的国君呢？”管仲问黄花元帅。

“他不肯投降，带着人连夜逃走了。现在无棣是一座空城。”黄花元帅说。

管仲派了一队士兵进城去看。士兵们回来报告说，

投降 tóuxiáng 打不过对方，只好放下武器，举起双手，希望对方不要杀自己。

沙漠 shāmò 没有水，没有树和草，只有沙子的地方。

城里确实一个人也没有。

管仲带领齐军进了城。心里想，这个答里呵也常常侵犯燕国，如果不把他灭了，以后他还会到燕国烧杀。所以，他问黄花元帅：

“答里呵逃到哪里去了？”

黄花元帅说：“他逃往大夏国借兵去了，相国如果要追，现在还来得及，我给你们带路。”

“好，马上就出发。”管仲说。

黄花元帅带着齐军进入了沙漠，他对管仲说：“穿过这片沙漠，就是大夏国。”

走着，走着，突然刮起了大风，沙漠里飞沙走石，昏天黑地，人们连眼睛都张不开。

齐军一下子乱了。士兵们以前从来没有进过沙漠，现在前后左右都是看不到边的沙漠，分不清东南西北，不知道应该往哪里走。

这时，黄花元帅偷偷地逃走了。管仲派人找他，结果连个人影都没找到。管仲知道受骗上当了。

找不到路，找不到水，眼看 20000 多齐军就要被困死在沙漠里。

士兵们慌了，齐桓公心里也慌了，以为这一次是必死无疑了。

管仲并没有慌，他叫齐桓公不要害怕。在紧急之

齊

中，他忽然想出了办法。管仲叫人把孤竹国的几匹老马带过来。

“放开它们，让它们自己走。”管仲说。

“做什么？”齐桓公问。

“主公，老马是认识路的。这几匹孤竹国的老马，不止一次走过这条路，一定认识回去的路，只要跟着它们走，就能回去。”管仲说。

“对呀！”齐桓公一拍大腿，说，“我怎么没想到呢？”

果然，这几匹马离开人群，不慌不忙地走了起来。管仲命令齐军大队人马跟在后面。大约走了一个时辰（chén），眼前出现了一片草地。那几匹马在草地上吃了一会儿草以后，又往前走。又走了两个时辰，终于走出了沙漠。大家一看，这正是他们来时的路。

齐军得救了，大家欢呼起来。

成语“老马识途”就是这么来的。

齐桓公现在更加佩服管仲了，他说：“孤竹国假投降，差一点儿把我们害死在沙漠，我一定要灭了他们。”

管仲说：“主公说得对，他们一定以为我们在沙漠里出不来了。我们应该马上回去，打他们一个出其不意，让他们来不及还手。”

时辰　shíchen　古代一天是十二个时辰，一个时辰是两个小时。

士兵们这一次吃了不少苦，恨死了孤竹国的君臣。所以大家不怕疲劳，连续行军，两天以后又回到了无棣。

齐军离开无棣的当天晚上，孤竹国的国王答里呵就回到了无棣。留守的燕军人数太少，打不过他们，只好退出无棣城。

答里呵本来心里一直很不安，见到黄花元帅回来了，知道齐军已经被困在沙漠里出不来了。他心中大喜，下令全国上下日夜喝酒庆祝。

这些家伙做梦也没想到，齐军不但没有死，还这么快就回来了，所以一点儿防备都没有。

这一次齐军不再手软，冲入城中，把孤竹国的君臣全都杀死了。

灭了令支国和孤竹国，山戎再也不能到中原去烧杀了。

齐桓公对燕庄公说："令支国和孤竹国虽然被灭了，但是这两个地方如果我们不管，几十年以后山戎又会恢复起来，继续去中原烧杀。所以，你应该立刻派人，把这两个地方管起来。"

燕庄公赶紧说："这一回，您亲自带领大军千辛万苦救了我们，这已经使我们感激不尽了。这两个地方是齐国打下的，给我们燕国怎么行？我们万万不敢要。"

齐桓公说："不是我客气，齐国离这儿太远，没有办法管理。"

齐桓公说得很诚恳（chéngkěn），燕庄公感激地接受了这两个地方。从此燕国的领土扩大了500里，人口增加了10万，国力渐渐强大起来，成为北方的强国。

燕庄公从此对齐国更加感激不尽，他立即要求加入盟国，表示只要盟主齐桓公有什么号令，燕国人一定勇往直前。

齐桓公这一次帮助燕国，做得不仅像一个盟主，简直是一个圣人。不仅燕国人感激不尽，中原各国对齐桓公和管仲也更加服气了。

后来，齐国西面的卫国和邢（xíng）国受到西北方狄人的攻击。狄人跟戎人一样，不是周朝人，他们是北方的游牧（yóumù）民族。

卫国和邢国都是小国，军事力量不够强大，不得不向齐国求救。

齐桓公联合宋国、曹国的军队赶去支援的时候，两国的国都已经被攻破，狄人烧杀以后退走了，两国的国都已经成为了一片废墟（fèixū）。

诚恳 chéngkěn 说的是真的，不是骗人，也不是客气话。

游牧 yóumù 不在一个地方住下来，随着水草的变化而改变地点放牛，放羊，放马。

废墟 fèixū 破旧、倒掉的不能住人的房子。

齐桓公和管仲帮助卫国和邢国在离狄人比较远的地方建立了新的国都，使这两个国家能够重新恢复。

刚刚恢复的卫国，只剩下了5000人，处境十分困难。齐桓公和管仲派人带着500辆车马和3000名士兵来武装卫国，守卫新国都。又给卫国国君送去一些马，还给卫国国君夫人送去马车和衣服等东西。此外还有牛、羊、猪、狗、鸡等300只多，又帮助卫国修建了宫殿。

这样，齐国周围的国家都成了齐国的盟友，中原其他国家也纷纷来加盟，齐国成了真正的盟主。

管仲时代结束

时间过得很快，一年又一年，管仲老了。

不管你是谁，也不管你有多么伟大，你都会老，也会死，没有人能永远活着。

公元前645年，管仲已经78岁，他病了，病得很重，眼看着就要不行了。

齐桓公到管仲家里去看望，看到管仲快要死的样子，心里很难过。管仲当相国41年，把齐国整治得民富国强，社会安定，使自己成为中原诸侯的盟主。在齐桓公心里，管仲是一个伟人，现在伟人要走了，怎么办呢？

他握着管仲的手，说："您走了谁可以接任相国？鲍叔牙行不行？"

管仲无力地说："叔牙是一个正直的人，非常可信。可是当相国他不行。"

"为什么？"齐桓公问道。

"他太正直了，善恶太分明，容不得不正直的人，所以他很难领导别人。"管仲说。

"那么隰朋呢？"

"隰朋还可以，可是恐怕他也当不了多久。"管仲说。

"为什么？"

"上天生下隰朋来，就是为了让他来帮我，现在我死了，他也活不了多久了。"

齐桓公着急地说："那谁行呢？"

管仲没有回答，却说："主公要答应我一件事。"

"什么事？"

"主公您要远离小人。"

"谁是小人？"齐桓公摸不着头脑。

"他们就在您的身边。第一个是易牙。"管仲说。

"易牙是我的厨（chú）师，他很爱我呀。我喜欢吃他做的菜。"

齐桓公很喜欢易牙，实际上易牙的地位早就超过了一个厨师。

"第二个是竖（shù）刁（diāo）。"

"他是我的大内总管，他也很爱我呀。"

竖刁照顾齐桓公的起居生活，他的地位也早就超过了一个太监（jiān）。

"第三个是公子开方。"

"公子开方放弃当国君的机会到齐国来，连父母死了都不回去，他难道不是真的爱我吗？"齐桓公不明白。

"主公，您错了。他们都是坏人，他们爱的是自己，您应该离他们远点儿。"

"是吗？以前你怎么不说呢？"

"因为他们能让您开心。我在的时候，他们不敢做坏事。我死了，他们一定会做坏事。"

齐桓公不太相信。这三个人整天在自己身边，对自己尽心尽力，都是挺好的人呀，怎么会是坏人呢？

不管他信还是不信，管仲都没有办法了。

管仲死了。

他为齐国的民富国强、为周朝各诸侯国的安定团结，努力了一生。

他的思想充满（chōngmǎn）着智慧（zhìhuì），后人把他的思想整理成一本书，书名就叫《管子》。这本书流传到现在。

管仲的思想，实际上是后来的儒（rú）家、法家、道家、兵家等诸子百家思想的源（yuán）头。

管仲死了以后，隰朋当了相国。可是仅仅过了一个月，隰朋也死了。接下来，鲍叔牙当了相国，过了一年，鲍叔牙也死了。

这一代人都死了，齐桓公也已经老了。公元前643年，齐桓公病倒了，病得快要死了。

照理说，应该有很多人去关心他，找医生给他看病，给他吃药，等等。

可是情况并不是这样。

他的儿子们开始争夺国君的位子，闹得你死我活，把病得要死的父王放在了一边，没人管。

充满 chōngmǎn 里面有很多。

诸子百家 zhūzǐ-bǎijiā 指战国时各种不同的思想学派。

源头 yuántóu 河水发源的地方，河水是从这里开始的。

竖刁、易牙和开方这三个小人，这时候找到了齐桓公的大儿子作为新主人。扔下快要死的齐桓公不管了。为了不让别人知道，他们在宫内砌（qì）起了三丈高的墙，不许任何人进宫去看齐桓公。

齐桓公一个人躺在宫里，又饿又渴，没有人管。这时候他才知道，管仲说得对，易牙、竖刁和开方这三个家伙都是小人。可惜，他没有听管仲的话，因此，现在落得这样的下场。他哭了，觉得自己死了以后没有脸去见管仲。

最后，齐桓公也死了，他是被活活饿死的。

此后，齐国出现了混乱。

齐国不再是管仲时代的齐国，管仲的时代结束了。

砌墙　qì qiáng　原来没有墙，修起一道墙来。

生词表

	A	
懊恼	àonǎo	25
	B	
拜相	bài xiàng	32
避免	bìmiǎn	43
不拘小节	bùjū-xiǎojié	29
不值得	bù zhídé	27
	C	
财主	cáizhu	5
残酷无情	cánkù wúqíng	63
惭愧	cánkuì	29
车辙	chēzhé	49
诚恳	chéngkěn	79
充满	chōngmǎn	85
辞退	cítuì	4
	D	
打柴	dǎ chái	8
耽误	dānwù	53
倒霉	dǎo méi	22
道歉	dào qiàn	67
	F	
废墟	fèixū	79
粉丝	fěnsī	11
丰收	fēngshōu	36
赴宴	fùyàn	57
	G	
改革	gǎigé	2
恭恭敬敬	gōnggōng-jìngjìng	33
工匠	gōngjiàng	52
国库	guókù	55
	H	
和谐	héxié	36
怀疑	huáiyí	15
灰头土脸	huītóu-tǔliǎn	4
灰心	huī xīn	4
	J	
基础	jīchǔ	36
建议	jiànyì	61

解释	jiěshì	67
	K	
坑	kēng	7
控制	kòngzhì	69
溃不成军	kuìbù-chéngjūn	48
	L	
离谱	lípǔ	44
领悟	lǐngwù	8
论功行赏	lùngōng-xíngshǎng	32
	N	
农业税	nóngyèshuì	52
	P	
赔本	péi běn	6
佩服	pèifú	30
	Q	
请柬	qǐngjiǎn	57
砌墙	qì qiáng	86
谦虚	qiānxū	32
侵略	qīnlüè	60
	R	
染料	rǎnliào	68
	S	
沙漠	shāmò	74
傻瓜	shǎguā	42
圣人	shèngrén	2
时辰	shíchen	77
税收	shuìshōu	38
松了一口气	sōngle yìkǒuqì	29
算账	suàn zhàng	20
	T	
贪官	tānguān	4
贪污	tānwū	37
谈判	tánpàn	43
投降	tóuxiáng	74
推荐	tuījiàn	14
	W	
王室	wángshì	32
稳定	wěndìng	36
悟性高	wùxìng gāo	8
	X	
消灭	xiāomiè	68

	Y	
盐	yán	53
仪式	yíshì	66
拥护	yōnghù	35
庸才	yōngcái	4
勇猛	yǒngměng	63
犹豫	yóuyù	63
游牧	yóumù	79
源头	yuántóu	85
	Z	
涨	zhǎng	55
招聘	zhāopìn	12
政府	zhèngfǔ	53
政治家	zhèngzhìjiā	2
知音	zhīyīn	4
制止	zhìzhǐ	47
智慧	zhìhuì	7
诸侯	zhūhóu	32
诸子百家	zhūzǐ-bǎijiā	85
尊王称霸	zūnwáng chēngbà	60

附录：第三级 1200 字表

A

阿 啊 挨 矮 爱 安 岸 按 暗 傲

B

八 吧 拔 把 爸 白 百 摆 败 拜 班 般 搬
板 办 半 帮 傍 包 宝 饱 保 报 抱 杯 北
备 背 倍 被 本 笨 逼 鼻 比 笔 必 闭 避
边 编 便 变 遍 表 别 冰 兵 饼 并 病 脖
补 不 布 步 部

C

擦 猜 才 材 采 彩 踩 菜 参 餐 藏 草 厕
层 插 查 茶 差 拆 柴 产 长 尝 常 场 唱
抄 超 朝 吵 车 尘 沉 晨 称 趁 成 承 诚
城 乘 程 吃 池 迟 持 尺 齿 冲 虫 愁 丑
臭 出 初 除 楚 处 穿 传 船 窗 床 吹 春
词 此 次 刺 从 聪 粗 催 村 错

D

达 答 打 大 呆 代 带 待 袋 戴 单 担 胆

但 弹 淡 蛋 当 挡 刀 导 岛 倒 到 道 得

德 的 灯 等 低 敌 底 地 弟 递 第 点 店

钓 调 掉 跌 顶 订 定 丢 东 冬 懂 动 冻

洞 都 斗 抖 读 独 堵 肚 度 渡 端 短 段

断 堆 队 对 蹲 顿 多 夺 朵 躲

E

鹅 恶 饿 儿 而 耳 二

F

发 法 翻 烦 反 犯 饭 方 防 房 访 放 飞

非 费 分 纷 粉 份 奋 愤 风 封 夫 扶 服

福 府 父 付 妇 负 附 复 副 富

G

该 改 盖 概 干 赶 敢 感 刚 钢 高 搞 告

哥 割 歌 隔 个 各 给 根 跟 更 工 弓 公

功 攻 供 宫 共 沟 狗 购 够 估 姑 古 骨

鼓 故 顾 刮 挂 怪 关 观 官 管 惯 光 广

规 鬼 贵 跪 滚 国 果 过

H

孩 海 害 寒 喊 汉 汗 好 号 喝 合 何 和

河 盒 贺 黑 很 恨 红 后 候 乎 呼 忽 胡

湖 糊 虎 互 户 护 花 化 划 画 话 坏 欢
还 换 荒 慌 黄 灰 恢 挥 回 悔 会 昏 婚
混 活 火 伙 或 货 获

J

击 圾 机 鸡 迹 积 绩 激 及 级 即 极 急
集 几 己 挤 计 记 纪 技 际 季 既 济 继
寄 加 家 价 驾 架 假 嫁 稼 尖 坚 间 肩
捡 减 剪 检 简 见 件 建 健 渐 箭 江 将
讲 奖 降 交 郊 骄 角 脚 叫 较 教 接 街
节 结 她 姐 解 介 界 借 今 斤 金 仅 紧
尽 劲 近 进 禁 京 经 惊 睛 精 景 净 竟
敬 境 静 镜 九 久 酒 旧 救 就 居 举 句
拒 具 据 卷 决 绝 觉 军

K

卡 开 砍 看 康 扛 抗 考 烤 靠 科 棵 颗
可 渴 克 刻 客 课 肯 空 恐 口 哭 苦 块
快 筷 宽 况 捆 困 扩

L

垃 拉 啦 来 拦 蓝 篮 懒 烂 郎 狼 劳 老
乐 泪 类 累 冷 离 礼 里 理 力 历 厉 立

为 围 伟 卫 未 位 味 胃 喂 温 文 闻 问

我 握 屋 无 五 午 伍 武 舞 务 物 误 雾

X

西 吸 希 息 悉 惜 习 洗 喜 系 细 下 吓

夏 先 鲜 闲 显 险 县 现 线 献 乡 相 香

箱 响 想 向 像 消 小 校 笑 些 鞋 写 谢

心 辛 新 信 兴 星 行 形 醒 姓 幸 性 兄

胸 休 修 秀 袖 须 需 许 续 选 学 雪 血

Y

压 呀 牙 烟 严 言 颜 眼 演 宴 验 扬 羊

阳 养 样 腰 摇 咬 药 要 爷 也 野 业 叶

页 夜 一 衣 医 宜 移 疑 已 以 椅 义 异

易 意 因 阴 姻 音 银 引 应 英 迎 营 赢

影 硬 永 勇 用 优 由 油 游 友 有 又 右

于 鱼 雨 语 玉 预 遇 元 员 园 原 圆 援

远 怨 院 愿 约 月 越 云 运 晕

Z

杂 砸 灾 再 在 暂 赞 脏 糟 早 澡 造 责

怎 曾 增 摘 展 占 战 站 掌 丈 找 照 者

这 真 阵 争 征 睁 整 正 证 之 支 知 织

直 职 止 只 纸 指 志 治 中 终 种 众 重
周 猪 主 住 助 注 祝 抓 专 转 装 撞 追
准 捉 桌 着 子 字 自 总 走 租 足 族 组
祖 嘴 最 醉 尊 昨 左 作 坐 座 做